AF246243

MINISTÈRE DES COLONIES

TEXTES RELATIFS

A LA

COMPTABILITÉ DE L'OFFICE COLONIAL

1° **LOI** du **18 février 1904** attribuant la personnalité civile à l'Office colonial.

2° **DÉCRET** du **16 mars 1910** portant règlement d'administration publique sur l'organisation, l'administration et le régime financier de l'Office colonial.

3° **ARRÊTÉ** des Ministres des Colonies et des Finances, du 20 septembre 1910, portant règlement sur la comptabilité de l'Office colonial.

OFFICE COLONIAL

Galerie d'Orléans, Palais-Royal.

1910

LOI DU 18 FÉVRIER 1904

ATTRIBUANT

LA PERSONNALITÉ CIVILE A L'OFFICE COLONIAL

Le Sénat et la Chambre des députés ont adopté,

Le Président de la République promulgue la loi dont le teneur suit:

ARTICLE PREMIER

L'Office colonial, créé par décret du 14 mars 1899, est investi de la personnalité civile.

Il est représenté en justice et dans les actes de la vie civile par son Directeur.

ART. 2

Les crédits ouverts au ministère des Colonies ou aux autres ministères pour gager les dépenses de l'Office colonial seront versés au budget de l'Office colonial à titre de subvention.

ART. 3

Le capital représenté par un titre de rente trois pour cent (3 p. 100) sur l'État de cinq mille trois cent cinquante-neuf francs (5.359 fr.) et provenant des sommes capitalisées sur les allocations faites à l'ancienne Exposition permanente des Colonies, reste attribué à l'Office colonial, à titre de subvention extra-ordinaire, pour frais de premier établissement et constitution .

1

d'un fonds de réserve. Les collections et objets de toute sorte provenant de l'ancienne Exposition permanente des Colonies sont remis en toute propriété à l'Office colonial.

ART. 4

Un règlement d'administration publique déterminera les mesures d'exécution de la présente loi et notamment le fonctionnement de la comptabilité de l'Office colonial.

La présente loi, délibérée et adoptée par le Sénat et par la Chambre des députés, sera exécutée comme loi de l'État.

Fait à Paris, le 18 février 1904.

ÉMILE LOUBET.

Par le Président de la République :

Le Ministre des Colonies,   *Le Ministre des Finances,*

Gaston DOUMERGUE.   ROUVIER.

DÉCRET DU 16 MARS 1910

PORTANT

RÈGLEMENT D'ADMINISTRATION PUBLIQUE

SUR

L'ORGANISATION, L'ADMINISTRATION ET LE RÉGIME FINANCIER

DE L'OFFICE COLONIAL

Le Président de la République française,

Sur le rapport du Ministre des Colonies;

Vu la loi du 18 février 1904, et notamment l'article 4 ainsi conçu :
« Un règlement d'administration publique déterminera les
mesures d'exécution de la présente loi, et notamment le fonctionnement de la comptabilité de l'Office colonial »;

Vu l'avis du Ministre des Finances; .

Le Conseil d'État entendu,

DÉCRÈTE :

CHAPITRE Ier

Organisation et fonctionnement.

ARTICLE PREMIER

L'Office colonial a pour objet :

1° De centraliser et de mettre à la disposition du public les
renseignements de toute nature concernant l'agriculture, le com-

merce, l'industrie et les conditions du travail dans les colonies françaises et pays de protectorat;

2° D'assurer le fonctionnement d'une Exposition permanente du commerce colonial et d'une bibliothèque publique coloniale.

ART. 2

L'Office colonial est administré par un Conseil d'administration dont les membres sont nommés par le Ministre des Colonies et composé de:

Deux fonctionnaires du Ministère des Colonies;

Un représentant de la Chambre de commerce de Paris;

Six autres membres choisis à raison de leur compétence en matière d'agriculture, d'industrie ou de commerce aux colonies.

Le Ministre désigne le président parmi les membres du Conseil.

Le Directeur de l'Office colonial assiste aux délibérations avec voix consultative.

Un agent du personnel de l'Office colonial remplit les fonctions de secrétaire.

ART. 3

Les membres du Conseil d'administration sont nommés pour trois ans; leur mandat peut être renouvelé.

Cessent de plein droit de faire partie du Conseil les membres qui n'exercent plus les fonctions qui avaient motivé leur désignation. Il est pourvu à leur remplacement dans les six mois. Les fonctions des nouveaux membres prennent fin à l'époque où auraient normalement expiré les mandats de ceux qu'ils remplacent.

ART. 4

Le Conseil d'administration statue sur:

1° Le mode d'administration des biens de l'Office;

2° L'acquisition des valeurs mobilières;

3° Les marchés et les baux et locations d'immeubles dont l'importance annuelle ne dépasse pas 1.500 francs;

4° L'acquisition, l'aliénation et l'échange des biens meubles dont la valeur ne dépasse pas 1.500 francs;

5° La réforme des objets mobiliers hors d'usage ou impropres au service auquel ils sont destinés;

6° L'acceptation des dons et legs qui sont faits sans charges, conditions, ni affectation immobilière et qui ne donnent pas lieu à réclamation des familles;

7° L'exercice des actions en justice.

Les décisions prises par le Conseil en vertu du présent article sont définitives si, dans le délai d'un mois, elles n'ont pas été annulées par arrêté du Ministre des Colonies pour excès de pouvoir ou pour violation d'une disposition législative ou réglementaire.

Art. 5

Le Conseil d'administration délibère sur:

1° Les projets de budgets et de crédits supplémentaires;

2° Les comptes du Directeur;

3° L'aliénation des valeurs mobilières;

4° Les marchés et les baux et locations d'immeubles dont l'importance annuelle dépasse 1.500 francs;

5° L'acquisition, l'aliénation et l'échange des immeubles et des biens meubles d'une valeur supérieure à 1.500 francs;

6° L'acceptation des dons et legs qui sont, soit grevés de charge de conditions ou d'affectations immobilières, soit l'objet de réclamation des familles.

Les délibérations prévues au présent article sous les numéros 1 à 5 sont soumises à l'approbation du Ministre des Colonies. En ce qui concerne celles qui sont inscrites sous le n° 6, il est statué par décret en Conseil d'État.

Art. 6

Le Conseil d'administration donne son avis sur:

1° Les règlements relatifs au recrutement, à la fixation de l'effectif, aux traitements, aux conditions d'avancement et à la discipline du personnel;

2° Les comptes de l'agent-comptable;

3° Les prélèvements à effectuer sur les fonds de réserve dans les conditions de l'article 22;

4° Toutes les questions qui lui sont soumises par le Ministre des Colonies.

Art. 7

Le Conseil d'administration se réunit au moins une fois par trimestre. Il est, en outre, convoqué par le président toutes les fois que les besoins du service l'exigent.

Le Conseil ne peut valablement délibérer que si la moitié au moins de ses membres en exercice assiste à la séance.

En cas de partage, la voix du président est prépondérante.

Les procès-verbaux sont signés par le président et par le secrétaire. Ils font mention des membres présents.

Dans les huit jours qui suivent la séance, une copie du procès-verbal est envoyée au Ministre des Colonies.

ART. 8

Au moins une fois par trimestre, le Conseil d'administration délègue un de ses membres pour visiter l'Établissement avec le Directeur et l'agent-comptable et constater l'état des locaux et du matériel et la tenue des divers services.

Les observations du délégué sont consignées dans un rapport qui est lu à la plus prochaine séance du Conseil. Ce rapport et la discussion à laquelle il donne lieu sont consignés au procès-verbal de la séance.

ART. 9

Un Directeur assure le fonctionnement de l'Office colonial.

Il instruit toutes les affaires relatives à l'Office et il pourvoit à l'exécution des décisions du Conseil d'administration et du Ministre.

ART. 10

Le Directeur est nommé par un décret qui fixe son traitement.

Il a sous ses ordres un personnel dont le recrutement, l'effectif, les traitements, les conditions d'avancement et les règles de la discipline sont arrêtés par le Ministre des Colonies, après avis du Conseil d'administration.

Les décisions concernant la nomination, l'avancement, les congés et la discipline de ce personnel sont rendues par le Ministre des Colonies, sur le vu des propositions du Directeur ; toutefois, celles qui concernent le personnel de service sont rendues par le Directeur.

L'agent comptable est nommé par le Ministre des Colonies avec l'agrément du Ministre des Finances.

ART. 11

A la fin de chaque année, le Directeur de l'Office établit un rapport détaillé sur le fonctionnement des services pendant l'année écoulée. Ce rapport est soumis au Conseil d'administration, qui le transmet avec ses observations au Ministre des Colonies.

ART. 12

Il est institué auprès de l'Office colonial un conseil de perfectionnement appelé à donner son avis sur les améliorations qui pourraient être réalisées dans le fonctionnement du service.

Le conseil de perfectionnement, présidé par le Ministre des Colonies, comprend des membres de droit et des membres nommés par le Ministre.

Sont membres de droit :

Les membres du Conseil d'administration et le Directeur de l'Office colonial ;

Le Directeur de l'Office national du commerce extérieur ;

Les Directeurs de la banque de l'Indochine et de la banque de l'Afrique occidentale ;

L'agent central des banques coloniales.

Sont nommés par le Ministre :

Neuf membres du comité consultatif de l'agriculture, du commerce et de l'industrie des colonies ;

Neuf présidents de chambres de commerce.

Le Président du Conseil d'administration de l'Office est de droit vice-président du conseil de perfectionnement. Le conseil élit un second vice-président.

Les présidents de chambre de commerce peuvent, en **cas** d'empêchement se faire remplacer au conseil de perfectionnement par un membre de leur compagnie.

Les dispositions de l'article 3 sont applicables aux membres du conseil de perfectionnement nommés par le Ministre.

Le conseil de perfectionnement se réunit au moins une fois par an. Un rapport général établi par le conseil de perfectionnement est distribué aux Chambres.

CHAPITRE II

Régime financier.

ART. 13

Les recettes de l'Office colonial sont divisées en recettes ordinaires et en recettes extraordinaires.

Les recettes ordinaires se composent :

1° Des revenus des biens ainsi que des intérêts des fonds appartenant à l'Établissement ;

2° Du produit de la vente des publications ;

3° Des revenus des dons et legs faits au profit de l'Office ;

4° Des subventions annuelles du budget général de l'État et des budgets des colonies ;

5° Des autres ressources d'un caractère annuel et permanent.

Les recettes extraordinaires comprennent :

1° Le capital provenant de l'aliénation des biens ;

2° Le capital provenant des dons et legs ;

3° Le montant des souscriptions et des subventions accidentelles;

4° Les fonds provenant d'emprunts ;

5° Les autres ressources accidentelles.

ART. 14

Les dépenses de l'Office sont divisées en dépenses ordinaires et en dépenses extraordinaires.

Les dépenses ordinaires comprennent :

1° Les impositions établies par les lois ;

2° Le service des emprunts ;

3° Les dépenses de l'Exposition permanente, de la bibliothèque et des collections ;

4° Les allocations du personnel administratif et des gens de service ;

5° Les dépenses locatives et d'entretien du bâtiment et du mobilier, le chauffage et l'éclairage, les frais d'impression et de bureau ;

6° Les autres dépenses d'un caractère annuel et permanent

Il est ouvert au budget un crédit pour dépenses imprévues. Les dépenses imputables sur ce crédit, lorsqu'elles ne dépassent pas 500 francs, sont engagées par le Directeur sans délibération du Conseil d'administration.

Les dépenses extraordinaires comprennent les dépenses temporaires ou accidentelles imputées sur une des recettes extraordinaires énumérées à l'article 13 ou sur l'excédent des recettes ordinaires.

ART. 15

Le budget est établi par le Directeur ; il est présenté au conseil d'administration dans la deuxième quinzaine d'octobre pour l'année suivante, et soumis, dans la quinzaine suivante, à l'approbation du Ministre des Colonies.

Les crédits reconnus nécessaires en cours d'exécution sont délibérés et approuvés dans les mêmes formes.

Art. 16

La période complémentaire de l'exercice est la même que pour les opérations du budget général de l'État.

Art. 17

Aucune dépense ne peut être engagée que par le Directeur et dans la limite des crédits régulièrement ouverts.

Le Directeur est chargé de la liquidation et de l'ordonnancement, ainsi que de l'établissement et de la transmission à l'agent-comptable des titres de recette.

Art. 18

Les marchés sont passés par le Directeur ou par son délégué dans les formes et les conditions prescrites par les décrets des 18 novembre 1882 et 4 juin 1888. Toutefois les limites fixées pour les marchés de gré à gré par le numéro 1 de l'article 18 du décret de 1882, sont abaissées à 3.000 francs de dépense totale ou à 1.000 francs de dépense annuelle.

Les marchés sont approuvés par le Conseil d'administration ou par le Ministre des Colonies, suivant les distinctions prévues aux articles 4 et 5.

Art. 19

Les recettes et les dépenses sont effectuées par un agent-comptable, chargé seul, et sous sa responsabilité, de faire toutes diligences pour assurer la rentrée des revenus et créances, legs, donations et autres ressources de l'Office, de faire procéder contre les débiteurs en retard aux exploits, significations, poursuites et commandements à la requête du Directeur et d'acquitter les dépenses mandatées par celui-ci.

L'agent-comptable est justiciable de la Cour des Comptes et soumis aux vérifications de l'Inspection générale des finances et de l'Inspection des colonies. Il fournit, en garantie de sa gestion, un cautionnement dont le montant est fixé pur une décision concertée entre les Ministres des Colonies et des Finances.

Ce cautionnement peut être réalisé soit en numéraire, soit en rentes sur l'État.

Art. 20

Un agent spécial, délégué par le Directeur, peut être chargé, à titre de régisseur et à charge de rapporter dans le mois au comptable les acquits des créanciers réels et les pièces justificatives, de payer, au moyen d'avances mises à sa disposition, les menues dépenses de l'Office ; les avances ne peuvent pas excéder 500 francs.

Des avances peuvent être faites également aux personnes envoyées en mission en exécution de délibérations du Conseil d'administration approuvées par le Ministre des Colonies, qui fixe la quotité de ces avances. Ces personnes doivent produire au comptable, au plus tard dans le délai d'un mois après leur retour de mission, les acquits des créanciers réels et les pièces justificatives.

Aucune nouvelle avance ne peut, dans les limites prévues par les deux paragraphes ci-dessus, être faite par le comptable qu'autant que les acquits et les pièces justificatives de l'avance précédente lui ont été fournis ou que la portion de cette avance dont il reste à justifier a moins d'un mois de date.

Art. 21

Les fonds libres de l'Office sont versés en compte courant à la Caisse des Dépôts et Consignations.

Le conseil de l'Office peut décider, sous réserve de l'approbation du Ministre des Colonies, que les fonds excédant les besoins prévus seront placés en rentes sur l'État ou en valeurs du Trésor.

Art. 22

L'excédent annuel des recettes sur les dépenses est versé au fonds de réserve prévu à l'article 3 de la loi du 18 février 1904 et employé en rentes sur l'État.

Les prélèvements à effectuer sur ce fonds de réserve sont décidés par le Ministre des Colonies, après avis du Conseil d'administration.

Art. 23

La constatation des valeurs de caisse et de portefeuille de l'Office colonial est faite au 31 décembre par le Conseil d'administration, qui arrête la situation à cette date des valeurs mobilières et immobilières de l'Établissement.

Art. 24

L'agent-comptable est soumis, pour tout ce qui n'est pas prévu au présent décret, aux mêmes règles que les comptables du Trésor.

Il est chargé de la comptabilité-matières et soumis à ce titre aux règles fixées pour la comptabilité-matières de l'administration des colonies.

ART. 25

Les oppositions sur les sommes dues par l'Office colonial sont pratiquées entre les mains de l'agent-comptable.

ART. 26

Les comptes du Directeur et de l'agent-comptable sont soumis, chaque année, avant le 1er juillet, au Conseil d'administration de l'Office.

Les comptes de gestion de l'agent-comptable indiquent la distinction par exercice des faits de recettes et de dépenses.

Le compte du Directeur est soumis à l'approbation du Ministre avant le 1er août qui suit la clôture de l'exercice.

Les comptes de l'agent-comptable sont établis en double expédition; l'une des expéditions, visée par le Ministre, est déposée au greffe de la Cour des Comptes avec les pièces justificatives à l'appui dans le courant du mois de septembre qui suit la clôture de l'exercice.

ART. 27

La forme des budgets et des comptes de l'Office colonial, les livres et les écritures du Directeur et du comptable, la nomenclature des pièces justificatives de recettes et de dépenses sont déterminés par des règlements arrêtés de concert par les Ministres des Colonies et des Finances.

ART. 28

Le Ministre des Colonies et le Ministre des Finances sont chargés, chacun en ce qui le concerne, de l'exécution du présent décret, qui sera publié au *Journal officiel* de la République française et inséré au *Bulletin des lois* et au *Bulletin officiel* du Ministère des Colonies.

Fait à Paris, le 16 mars 1910.

A. FALLIÈRES

Par le Président de la République :

Le Ministre des Colonies,	*Le Ministre des Finances,*
GEORGES TROUILLOT.	GEORGES COCHERY.

ARRÊTÉ

DES

MINISTRES DES COLONIES ET DES FINANCES

du 20 septembre 1910,

PORTANT

RÈGLEMENT SUR LA COMPTABILITÉ DE L'OFFICE COLONIAL

(Application de l'article 27 du décret du 16 mars 1910)

TITRE 1er

Dispositions générales.

ARTICLE PREMIER

Les services financiers de l'Office colonial s'exécutent par gestion et par exercice et il en est rendu compte de la même manière.

ART. 2

La gestion comprend toutes les opérations de recettes et de dépenses effectuées dans une même année ou pendant la durée des fonctions du comptable.

ART. 3

Le budget est l'acte par lequel sont prévues et autorisées les recettes et les dépenses annuelles.

L'exercice est la période d'exécution des services du budget.

Les droits acquis et les services faits du 1er janvier au 31 décembre de l'année qui donne son nom à un budget sont seuls considérés comme appartenant à l'exercice de ce budget.

Art. 4

La période d'exécution des services du budget embrasse outre l'année même à laquelle ce budget s'applique, des délais complémentaires accordés sur l'année suivante pour achever les opérations relatives au recouvrement des produits, à la constatation des droits acquis à la liquidation, au mandatement et au paiement des dépenses.

A l'expiration de ces délais l'exercice est clos. L'époque de la clôture de l'exercice, en ce qui concerne l'Office colonial, est fixée au 31 mars de la seconde année pour la liquidation et l'ordonnancement des sommes dues aux créanciers et au 30 avril de cette seconde année pour le paiement des dépenses, la liquidation et le recouvrement des produits.

Art. 5

Le Directeur de l'Office est seul ordonnateur des dépenses.

En cas d'absence ou d'empêchement, il peut être suppléé par un membre du Conseil d'administration désigné par le Ministre des Colonies, et dont la signature devra être accréditée auprès du comptable chargé des paiements.

Art. 6

Les recettes et les dépenses sont effectuées par un agent comptable, nommé par le Ministre des Colonies, et agréé par le Ministre des Finances. Ledit agent-comptable est chargé seul et sous sa responsabilité de faire toutes diligences pour assurer la rentrée des revenus et créances, legs et donations et d'acquitter, dans la limite des crédits régulièrement ouverts (Décret du 17 mars 1910, art. 19) les dépenses mandatées par l'ordonnateur.

Les fonctions d'ordonnateur sont incompatibles avec celles de comptable.

Art. 7

Toute personne autre que le comptable qui sans autorisation légale, s'est ingérée dans le maniement des deniers de l'Établissement, est par ce seul fait constituée comptable, sans préjudice des poursuites qu'elle encourt, par application de l'article 258 du Code pénal, comme s'étant immiscée sans titre dans les fonctions publiques.

Art. 8

Les dispositions des lois, décrets et ordonnances concernant les obligations des receveurs communaux et les responsabilités qui s'y rattachent, en particulier celles de l'arrêté consulaire du 19 vendémiaire an XII, relatives au recouvrement des revenus et à la conservation des droits, sont applicables à l'agent comptable de l'Office.

Une hypothèque légale sur ses biens est attribuée aux droits et créances de l'Établissement, par application de l'article 2211 du Code civil.

ART. 9

L'agent comptable est justiciable de la Cour des Comptes devant laquelle il prête serment. Il doit, avant son entrée en fonctions, verser en garantie de sa gestion un cautionnement dont le montant, qui peut être réalisé en numéraire ou en rentes sur l'État, est fixé par une décision concertée entre les Ministres des Colonies et des Finances.

Il est soumis aux vérifications de l'Inspection générale des Finances et de l'Inspection des Colonies (Décret du 16 mars 1910, art. 19).

TITRE II

Du budget et des crédits.

ART. 10

Le budget de l'Office colonial comprend:

1° Des recettes et des dépenses ordinaires;

2° Des recettes et des dépenses extraordinaires.

ART. 11

Les recettes ordinaires se composent:

1° Des revenus des biens ainsi que des intérêts des fonds appartenant à l'Établissement;

2° Du produit de la vente des publications;

3° Des revenus, des dons et legs faits au profit de l'Office ;

4° Des subventions annuelles du budget général de l'État;

5° Des subventions annuelles des budgets des Colonies consenties avec ou sans affectation spéciale;

6° Des autres ressources d'un caractère annuel et permanent.

Art. 12

Les recettes extraordinaires comprennent:

1° Le capital provenant de l'aliénation des biens ;

2° Le capital provenant des dons et legs ;

3° Le montant des souscriptions et des subventions accidentelles ;

4° Les fonds provenant d'emprunts ;

5° Les autres ressources accidentelles, et notamment les prélèvements sur le fonds de réserve prévus à l'article 22 du décret du 16 mars 1910.

Art. 13

Les dépenses ordinaires comprennent:

1° Les impositions établies par les lois ;

2° Le service des emprunts ;

3° Les dépenses de l'Exposition permanente, de la bibliothèque et des collections ;

4° Les allocations du personnel administratif et des gens de service ;

5° Les dépenses locatives et d'entretien du bâtiment et du mobilier, le chauffage et l'éclairage, les frais d'impression et de bureau ;

6° Les autres dépenses d'un caractère annuel et permanent.

Art. 14

Les dépenses extraordinaires comprennent les dépenses temporaires ou accidentelles, imputées sur une des recettes extraordinaires énumérées à l'article 12 ou sur l'excédent des recettes ordinaires.

Art. 15

Il est ouvert au budget un crédit pour dépenses imprévues. Les dépenses imputables sur ce crédit, lorsqu'elles ne dépassent pas 500 francs sont engagées par le Directeur sans délibération du Conseil d'administration.

Art. 16

Le budget est établi par le Directeur, il est présenté au Conseil d'administration dans la deuxième quinzaine d'octobre pour l'année suivante, et soumis, dans la première moitié du mois de novembre, à l'approbation du Ministre des Colonies.

Les crédits reconnus nécessaires en cours d'exécution sont délibérés et approuvés dans les mêmes formes.

Art. 17

Chaque année, au mois de juin, le Conseil d'administration, sur la proposition du Directeur, arrête et soumet à l'approbation ministérielle, un budget additionnel au budget de l'exercice en cours.

Ce budget comprend en recettes :

1° L'excédent des recettes sur les dépenses effectuées au titre de l'exercice expiré ;

2° Les restes à recouvrer sur les exercices antérieurs ;

3° Les nouvelles prévisions de recettes.

En dépenses :

1° Le versement au fonds de réserve de l'excédent de recettes de l'exercice précédent, conformément à l'article 22 du décret du 16 mars 1910 ;

2° Les restes à payer sur les exercices antérieurs ;

3° Les nouvelles prévisions de dépenses.

Art. 18

Les recettes et les dépenses du budget sont divisées par cha-pitres et s'il y a lieu par articles et paragraphes.

Le service du personnel et du matériel doivent être compris dans des chapitres distincts.

Cette spécialité par chapitre est impérative pour l'ordonnateur comme pour le comptable. Aucun virement ne peut être effectué entre les divers chapitres sans avoir préalablement été discuté en Conseil d'administration et soumis à l'approbation minis-térielle.

Art. 19

Les fonds libres de l'Office sont versés en compte-courant à la Caisse des Dépôts et Consignations.

Le Conseil de l'Office peut décider, sous réserve de l'appro-bation du Ministre des Colonies, que les fonds excédant les besoins prévus seront placés en rentes sur l'État ou en valeurs du Trésor.

Art. 20

L'excédent annuel des recettes sur les dépenses est versé au fonds de réserve prévu à l'article 3 de la loi du 18 février 1904 et employé en rentes sur l'État.

Les prélèvements à effectuer sur ce fonds de réserve sont décidés par le Ministre des Colonies, après avis du Conseil d'administration. Le fonds de réserve fait l'objet d'un compte distinct ouvert parmi les services hors budget.

Art. 21

Aucune dépense imputable sur les crédits ouverts au budget ne peut être engagée que par l'ordonnateur.

L'ordonnateur ne peut, sous sa responsabilité, engager aucune dépense avant qu'il ait été pourvu au moyen de la payer par un crédit régulièrement ouvert.

Art. 22

Afin de pouvoir toujours connaître de façon précise les disponibilités financières de l'Établissement, la situation des crédits est suivie par le Directeur-ordonnateur à l'aide d'une comptabilité sommaire des dépenses engagées où figurent les dépenses permanentes comme les dépenses éventuelles.

Art. 23

Cette comptabilité se compose essentiellement d'un registre des dépenses engagées ouvert par subdivision du budget (chapitre, article et paragraphe).

Les inscriptions y sont portées au moment même où se produit le fait générateur de la dépense (nomination à un emploi, augmentation de solde, marché à forfait, commande à un fournisseur, etc...).

Art. 24

Si le montant de la dépense ne peut être exactement déterminé au moment de l'engagement, il est inscrit au registre une somme égale à l'évaluation et cette somme est ultérieurement rectifiée lorsque le montant de la dépense est connu.

Art. 25

Chaque inscription est portée à sa date et reçoit un numéro d'ordre compris dans une série qui est annuelle et unique pour chaque chapitre, article et paragraphe.

Les modifications apportées à une inscription antérieure se réfèrent au numéro de cette inscription.

Les engagements de dépenses concernant l'Office colonial sont également suivis par le contrôleur des dépenses engagées du Ministère des Colonies, lequel reçoit à cet effet communication, pour visa préalable, de toute proposition d'engagement ou de modification d'engagement.

TITRE III

Des recettes.

Art. 26

Le comptable délivre des quittances pour toutes les sommes versées à sa caisse.

Les quittances sont détachées d'un registre à souche. Elles sont assujetties au droit de timbre de 0 fr. 25 sauf les exceptions prévues à l'article 20 de la loi du 23 août 1871.

Le prix du timbre lorsqu'il est exigible s'ajoute de plein droit au montant de la somme dûe et est soumis au même mode de recouvrement.

Art. 27

Si, au 30 avril de la seconde année, il existe des restes à recouvrer sur quelques-uns des produits ou revenus de l'Office, le comptable rend compte et justifie à l'ordonnateur des circonstances qui se sont opposées à la rentrée des reliquats; il établit à cet effet un bordereau détaillé des sommes qui devraient être perçues.

L'ordonnateur détermine sur cet état:

1° La portion de l'arriéré qu'il y a lieu de reporter à l'exercice suivant;

2° La portion dont le comptable serait dans le cas d'obtenir décharge;

3° Celle qui devrait demeurer à la charge du comptable.

Le Conseil d'administration statue sur ces trois propositions.

L'ordonnateur assure l'exécution de cette décision au moyen d'un arrêté inséré à la suite de l'état des restes à recouvrer.

Au vu de cet arrêté, le comptable déduit du montant des sommes qui devraient être perçues au cours de l'exercice expiré l'ensemble des restes à recouvrer au 30 avril précédent et il prend charge, comme créances nouvelles de l'exercice en cours, des sommes transportées à cet exercice et de celles mises à sa charge.

TITRE IV

Des dépenses.

Art. 28

La constatation des droits des créanciers doit précéder le mandatement, sauf les exceptions prévues à l'article 85 du présent règlement, et résulte des pièces justificatives dûment arrêtées.

Les créances dont les titres ont été produits trop tardivement pour que le mandatement puisse en être fait avant la clôture de l'exercice, doivent néanmoins être liquidées et comprises dans les restes à payer de cet exercice.

Art. 29

Aucune dépense ne peut être acquittée si elle n'a pas été préalablement mandatée par l'ordonnateur.

Art. 30

Le mandat énonce l'exercice, le chapitre et s'il y a lieu l'article et le paragraphe auxquels se rapporte la dépense, ainsi que le montant du crédit ouvert au titre du chapitre et de l'article ; il ne peut comprendre qu'une seule créance individuelle ou collective ; il indique les pièces justificatives produites à l'appui de la dépense ; le montant en est exprimé en chiffres et en toutes lettres, et il est daté et signé par l'ordonnateur.

Chaque mandat porte un numéro d'ordre ; la série des numéros d'ordre est unique par exercice.

Art. 31

Le mandat contient toutes les indications de noms et de qualités nécessaires pour permettre au comptable de reconnaître l'identité du créancier.

La partie prenante désignée par le mandat est toujours le créancier réel, c'est-à-dire la personne qui a fait le service, effectué les fournitures et les travaux ou qui a un droit à exercer contre l'Office, sauf toutefois les exceptions prévues à l'article 36.

Il ne peut être émis de mandat au nom du mandataire du créancier, ni au nom du concessionnaire d'une créance. Les mandats délivrés, après le décès du créancier, au profit de ses héritiers, ne désignent pas chacun d'eux, mais portent seulement cette indication générale : M. X... (les héritiers).

Art. 32

Tout mandat de paiement doit être appuyé des pièces qui constatent que son effet est d'acquitter en tout ou partie, une dette de l'Établissement, régulièrement justifiée conformément à la nomenclature du règlement de comptabilité du Ministère des Colonies, sous réserve des exceptions visées à l'article 18 du décret du 16 mars 1910.

En cas de paiement à des ayants droit ou à des représentants du titulaire, le comptable doit exiger sous sa responsabilité et d'après le droit commun les pièces constatant selon les cas, les qualités et droits des parties prenantes à donner quittance libératoire pour l'Établissement.

ART. 33

Les pièces justificatives produites à l'appui d'un mandat doivent être revêtues du visa de l'ordonnateur.

L'usage d'une griffe est interdit pour toute signature à apposer sur les mandats et pièces justificatives.

ART. 34

Les titres produits pour la justification des dépenses, notamment les factures et les mémoires des fournisseurs et des entrepreneurs doivent indiquer la date précise, soit de l'exécution des services ou des travaux, soit de la livraison des fournitures ; ils sont totalisés en chiffres et certifiés en toutes lettres datés et signés par les créanciers et le domicile de ces derniers doit y être indiqué.

L'ordonnateur doit arrêter en toutes lettres le montant de ces pièces.

ART. 35

Un agent spécial, délégué par le Directeur, peut être chargé à titre de régisseur et à charge de rapporter dans le mois au comptable les acquits des créanciers réels et les pièces justificatives, de payer au moyen d'avances mises à sa disposition, les menues dépenses de l'Office ; les avances ne peuvent pas excéder 500 fr.

Des avances peuvent être faites également aux personnes envoyées en mission en exécution de délibérations du Conseil d'administration approuvées par le Ministre des Colonies qui fixe la quotité de ces avances. Ces personnes doivent produire au comptable, au plus tard dans le délai d'un mois après leur retour de mission, les acquits des créanciers réels et les pièces justificatives.

Aucune nouvelle avance ne peut dans les limites prévues aux deux paragraphes ci-dessus être faite par le comptable qu'autant que les acquits et les pièces justificatives de l'avance précédente lui ont été fournis ou que la portion de cette avance dont il reste à justifier a moins d'un mois de date.

Les régisseurs joignent aux pièces et quittances fournies par les parties prenantes un bordereau en double expédition de ces pièces qui est comme elles soumis à la vérification et au visa de l'ordonnateur. Ce bordereau est transmis à l'agent-comptable qui

en annexe une expédition au mandat d'avance et remet l'autre
expédition revêtue de sa déclaration de réception au régisseur.
(Décret du 16 mars 1910, art. 20.)

Art. 36

Les reversements des sommes non employées sur les avances
qui peuvent être faites conformément à l'article précédent, et
de celles qui auraient été payées en trop à des créanciers de l'Établissement, sont effectués en vertu d'un ordre de reversement
délivré par le Directeur.

Art. 37

Avant de procéder au payement, le comptable doit s'assurer
sous sa responsabilité, que toutes les formalités déterminées par
les lois et règlements ont été observées, que toutes les justifi-
cations sont produites et qu'il n'existe à ce point de vue aucune
omission ou irrégularité matérielle ; enfin que par sa date et son
objet la dépense constitue une charge de l'exercice sur lequel
le mandat est imputé.

Art. 38

Le comptable est tenu sous sa responsabilité de s'assurer de
l'identité des parties prenantes. Tout mandat appuyé de justi-
fications complètes et régulières et qui n'excède pas la limite du
crédit sur lequel il doit être imputé, est payable sur la quittance
de la partie prenante ou de son représentant dûment autorisé.
La procuration doit être jointe au mandat acquitté.

Art. 39

Le paiement des mandats doit être suspendu par le comptable
dans le cas : 1° d'insuffisance de fonds appartenant à l'Établissement ; 2° d'absence de crédit ou d'insuffisance du crédit ouvert
au budget ; 3° d'opposition dûment signifiée ; 4° de difficultés
touchant à la validité de la quittance.

En dehors de ces cas, aucun refus de paiement ne peut avoir
lieu que pour cause d'omission ou d'irrégularité matérielle dans
les pièces justificatives de la dépense ou à raison de difficultés
résultant des constatations prescrites par l'article 37.

Il y a irrégularité matérielle, soit lorsque les indications de
noms, de services ou de sommes portées dans le mandat ne sont
pas d'accord avec celles qui résultent des pièces justificatives y
annexées, soit lorsque ces pièces ne sont pas conformes aux
règlements ou aux indications mêmes de l'ordonnateur, soit enfin

lorsque la comparaison des divers éléments de la dépense payée
ou à payer fait ressortir un double emploi.

ART. 40

Les motifs de tout refus de paiement doivent être énoncés
dans une déclaration écrite et immédiatement délivrée par le
comptable au titulaire du mandat.

ART. 41

Si l'ordonnateur requiert par écrit et sous sa responsabilité
personnelle qu'il soit passé outre au payement, l'agent-comptable
y procède immédiatement et il annexe au mandat avec une
copie de la déclaration l'original de la réquisition qu'il a reçue.

Le Directeur informe le Ministre des Colonies des réquisi-
tions qu'il a faites.

Le droit de réquisition accordé à l'ordonnateur ne pourra
jamais s'exercer quand le refus de paiement du comptable sera
fondé sur l'un des motifs énoncés au premier alinéa de l'article 39.

ART. 42

Les imputations de paiement reconnues erronées pendant le
cours d'un exercice sont rectifiées dans les écritures du comptable au moyen de certificats de réimputation délivrés par l'ordonnateur. Les changements d'imputation ne sont plus admis
dès que le compte du comptable a été définitivement arrêté.

ART. 43

La quittance de la partie prenante est apposée sur le mandat
en présence du comptable au moment même du paiement. Elle
est datée et ne doit contenir ni restriction ni réserve.

Les paiements faits à un comptable de deniers publics, en
cette qualité, donnent lieu en outre à la délivrance d'une quittance à souche ou d'un récépissé à talon qui est annexé au
mandat acquitté pour ordre.

Lorsqu'il s'agit de paicments collectifs, il peut être suppléé
aux quittances individuelles des ayants droit par des états d'émar-
gement dûment certifiés par l'ordonnateur ; ces états désignent
la personne autorisée à recevoir le montant du mandat et à
donner quittance sur ce mandat.

ART. 44

Les reçus, quittances ou décharges sous seing privé émanant
des particuliers, autres que ceux donnés pour l'ordre de la comp-

tabilité, sont passibles du timbre de 10 centimes établi par l'article 18 de la loi du 23 août 1871, sauf les exceptions déterminées en exécution des lois par les décisions et instructions du Ministre des Finances.

Art. 45

Toutes saisies-arrêts ou oppositions sur les sommes dues par l'Office colonial, toutes significations de cession ou de transport desdites sommes et toutes autres ayant pour objet d'en arrêter le paiement doivent être faites entre les mains du comptable.

Art. 46

Les mandats qui ne sont pas présentés au payement avant le 30 avril de la seconde année de l'exercice sont annulés et les dépenses qui en font l'objet ne peuvent être acquittées qu'au moyen d'un nouveau mandatement sur l'exercice suivant.

Art. 47

Lors de la clôture de l'exercice le comptable remet à l'ordonnateur un état détaillé des sommes restant à payer en indiquant la nature de la créance, le nom des créanciers et la somme due; il y joint les pièces justificatives des dépenses non acquittées.

TITRE V

Du service du magasin de vente de publications.

Art. 48

Le service du magasin de vente de publications annexé à l'Office colonial est confié à un régisseur de recettes qui tient une comptabilité élémentaire décrite à l'aide: 1° d'un registre d'entrée et de sortie des diverses publications ouvert par nature de publication; 2° d'un carnet de vente tenu au jour le jour et utilisé comme livre de caisse.

Art. 49

Le registre d'entrée et de sortie et le carnet de vente du magasin sont vérifiés au moins une fois par mois par l'agent-comptable et arrêtés par lui après chaque vérification; ils sont visés mensuellement par le Directeur.

Le montant brut de la vente est versé à la fin de chaque mois dans la caisse de l'agent-comptable.

A la même époque, l'escompte alloué sur la vente ainsi que les frais d'affranchissement ou autres, qui ont pu être acquittés par le régisseur, sont mandatés à son profit.

ART. 50

Les ventes sont faites au comptant et contre espèces ; il n'est délivré de facture timbrée s'il n'y a lieu à 0 fr. 25 que sur la demande expresse de l'acheteur.

Les timbres apposés sont oblitérés à l'encre grasse, au moyen d'une griffe spéciale.

TITRE VI

Des écritures et comptes.

§ 1er — *Écritures de l'ordonnateur.*

ART. 51

La comptabilité administrative de l'Office colonial est établie par exercice, et suivie par le Directeur-ordonnateur sur un journal général, un grand-livre et des livres auxiliaires.

ART. 52

Au journal général sont consignés sommairement et à leur date les opérations concernant, pour les recettes : la réalisation des produits ; pour les dépenses : la liquidation, le mandatement et le paiement.

ART. 53

Chacun des articles de ce journal est successivement reporté sur un grand-livre, par ordre de matières, et suivant les divisions du budget.

ART. 54

Le Directeur tient en outre les livres auxiliaires suivants : 1° un livre destiné à l'enregistrement des titres de recette ; 2° un registre des commandes faites aux fournisseurs ; 3° un carnet de dépôts et de retraits des fonds déposés par l'Établissement à la Caisse des Dépôts.

ART. 55

Le journal, le grand-livre et les livres auxiliaires sont arrêtés à la clôture de l'exercice.

ATR. 56

Tous les livres de la comptabilité de l'ordonnateur sont cotés et paraphés par le Président du Conseil d'administration, ainsi que ceux tenus par l'agent-comptable et dont il sera parlé ci-après.

§ 2°. — *Compte de l'ordonnateur.*

ART. 57

Chaque année, au mois de mai, le Directeur-ordonnateur dresse le compte administratif de l'exercice expiré.

Ce compte présente par colonnes distinctes et dans l'ordre des chapitres et articles du budget.

En recette:

1° La nature des recettes;

2° La fixation définitive des sommes à recouvrer d'après les titres justificatifs.

3° Les sommes recouvrées jusqu'à la clôture de l'exercico;

4° Les sommes restant à recouvrer à reporter à l'exercice suivant.

En dépense :

1° Les chapitres et articles de dépense du budget:

2° Le montant des crédits ;

3° Le montant des sommes payées sur ces crédits jusqu'à la clôture de l'exercice ;

4° Les restes à payer à reporter au budget de l'exercice suivant;

5° Les crédits ou portions de crédits à annuler, faute d'emploi dans les délais prescrits.

ART. 58

Ce compte administratif est soumis à l'examen du Conseil d'administration avant le 1er juillet accompagné d'un rapport détaillé sur les diverses parties du service.

Le Conseil d'administration prend une délibération sur ce compte, qui est ensuite soumis, avant le 1er août à l'approbation du Ministre des Colonies.

Un exemplaire du compte approuvé est joint au compte de l'agent-comptable.

§ 3. — *Écritures de l'agent-comptable.*

ART. 59

L'agent-comptable tient pour la description des opérations touchant à la comptabilité-deniers les registres suivants:

1° Un quittancier à souche, sur lequel il inscrit à leur date et sans lacune toutes les sommes versées à sa caisse pour le compte de l'Office à quelque titre que ce soit ;

2° Un livre-journal de caisse et de portefeuille sur lequel est inscrite chaque jour, à sa date, toute somme reçue ou payée pour le compte de l'établissement ;

3° Un grand-livre où toutes les recettes et toutes les dépenses sont classées distinctement par chapitre et article et par exercice.

Ces divers registres sont cotés et paraphés par le Président du Conseil d'administration ; ils sont arrêtés par lui à la fin de chaque gestion.

ART. 60

Le Directeur vérifie la caisse de l'agent-comptable, au moins une fois par trimestre. Il arrête les écritures et inscrit le résultat de sa vérification sur le livre-journal de caisse.

ART. 61

Le comptable établit d'après ses écritures, à la date du 31 décembre ou au dernier jour de la gestion en cas de mutation pendant l'année, une situation d'ensemble des opérations effectuées donnant le solde des fonds appartenant à l'Établissement.

Le Conseil d'administration procède à la même époque à la constatation des valeurs de caisse et de portefeuille conformément à l'article 23 du décret du 16 mars 1910 et dresse procès-verbal de ses opérations en double expédition : l'une des expéditions est produite à la Cour des Comptes; l'autre est conservée par le comptable ; il arrête en même temps par application du même article la situation des valeurs mobilières et immobilières de l'Établissement.

§ 4. — *Compte du comptable.*

ART. 62

Le compte annuel de gestion rendu par l'agent-comptable présente :

1° La situation du comptable envers l'Établissement au 1er janvier de l'année ;

2° Le rappel des opérations complémentaires effectuées au titre de l'exercice précédent du 1ᵉʳ janvier au 30 avril de l'année pour laquelle le compte est rendu ;

3° Le développement des autres opérations de toute nature en recettes et en dépenses, effectuées pendant l'année avec distinction des opérations budgétaires de l'exercice de cette même année et des opérations hors budget ;

4° La situation du comptable envers l'Établissement à la fin de l'année.

Le comptable établit en même temps le compte des opérations complémentaires de chaque exercice aussitôt après la clôture, et comprend le développement distinct de ces opérations en recette et en dépense dans le même document que le compte des opérations des 12 premiers mois auxquelles elles sont réunies pour présenter au moyen du rappel de la situation finale de l'exercice antérieur, des résultats à comparer avec ceux du compte rendu par l'ordonnateur pour chaque exercice.

Les recettes et les dépenses sont classées dans l'ordre du budget.

Le compte du comptable présente par colonnes distinctes :

En recette :

1° La nature des recettes ;

2° Le montant des produits d'après les titres justificatifs ;

3° La fixation définitive des sommes à recouvrer ;

4° Les sommes recouvrées pendant la première année de l'exercice et pendant les 4 mois complémentaires ;

5° Les sommes restant à recouvrer, à reporter au budget de l'exercice suivant.

En dépense :

1° Les articles de dépense du budget ;

2° Le montant des crédits ;

3° Le montant des sommes payées sur ces crédits, soit dans la première année de l'exercice, soit dans les 4 mois complémentaires ;

4° Les restes à payer à reporter au budget de l'exercice suivant ;

5° Les crédits ou portions de crédits à annuler faute d'emploi dans les délais prescrits.

En cas de mutation, le compte de l'année est divisé suivant la durée de la gestion des différents titulaires, et chacun d'eux rend séparément le compte des opérations qui le concernent.

Les opérations de chacun des comptables en fonctions au cours d'un même exercice sont rappelées au compte du comptable en fonctions à la fin de l'exercice.

ART. 63

Le compte de gestion est affirmé sincère et véritable, il est daté et signé par l'agent-comptable ou par ses ayants cause. Il est établi en double expédition, soumis à l'avis du Conseil d'administration qui prend une délibération sur ses résultats et transmis au Ministre des Colonies.

Une des expéditions, visée par le Ministre, est déposée au greffe de la Cour des Comptes, avant le 1er octobre de la deuxième année de l'exercice.

ART. 64

Le comptable joint à l'appui de son compte de gestion les pièces ci-après :

1° La situation de la caisse au 31 décembre ;

2° Le budget de l'exercice et le budget additionnel ;

3° Un état des recettes supplémentaires et un état des crédits supplémentaires ;

4° L'état des propriétés foncières, des rentes et créances composant l'actif de l'Office ;

5° Les états détaillés des créances et des dettes à la clôture de l'exercice ;

6° Le bordereau sommaire des adjudications et marchés passés pendant l'année pour les fournitures et travaux ;

7° Copie de la délibération du Conseil d'administration prise conformément à l'article 63 du présent règlement ;

8° Une expédition du compte de l'ordonnateur.

Indépendamment des pièces principales indiquées ci-dessus le comptable produit les pièces justificatives de recettes et de dépenses renfermées dans des bordéreaux détaillés et distincts par chapitres et articles.

ART. 65

L'arrêt rendu par la Cour des Comptes sur le compte de l'agent-comptable de l'Office lui est immédiatement notifié par le greffier en chef de la Cour.

Une autre expédition est transmise au Président du Conseil par l'intermédiaire du Ministre des Colonies.

Des accusés de réception sont adressés à la Cour dans la quinzaine de la notification.

ART. 66

Les injonctions que ledit arrêté impose à l'agent-comptable doivent être exécutées dans le délai de deux mois à partir du jour de la notification.

Les pièces et les explications destinées à satisfaire aux injonctions sont adressées à la Cour.

Elles sont accompagnées d'un état présentant dans des colonnes distinctes :

1° La copie textuelle des injonctions ;

2° Les réponses ou explications du comptable et l'indication des pièces produites.

ART. 67

Tout agent comptable nouvellement nommé doit joindre à l'appui de son premier compte de gestion, des expéditions certifiées par le Président du Conseil de l'acte qui l'a nommé, de l'acte de prestation de serment et du certificat de l'inscription de son cautionnement.

ART. 68

Lorsque le comptable demande le remboursement de son cautionnement il doit justifier de sa libération par un certificat du Président du Conseil d'administration sans préjudice des autres pièces exigées par le règlement du Ministère des Finances en date du 26 novembre 1866.

§ 5. — *Comptabilité-matières.*

ART. 69

L'agent-comptable chargé de la comptabilité-matières est soumis à ce titre aux règles fixées pour la comptabilité-matières du Département des Colonies par le décret du 22 décembre 1904 et l'instruction générale du 16 janvier 1905.

ART. 70

Dans la limite de ces règles, la comptabilité-matières de l'Office colonial devra être tenue d'une manière sommaire, et il sera seulement fait usage des écritures prescrites pour les services où les mouvements sont peu fréquents.

ART. 71

Pour la comptabilité-matières, l'agent-comptable tient par chapitres et articles du budget :

1° Un journal en quantités et valeurs, Modèle N° 1 de l'Instruction générale du 16 janvier 1905 (art. 26) ;

2° Un grand-livre en quantités et valeurs, Modèle N° 2 *bis* de l'Instruction générale du 16 janvier 1905 (art. 26) ;

3° Un inventaire général, Modèle N° 15 de l'Instruction générale du 16 janvier 1905.

ART. 72

Il est en outre tenu par service et en double expédition, un inventaire détaillé en quantités, établi et signé contradictoirement par l'agent-comptable et par le détenteur effectif qui conservent chacun l'une des expéditions.

ART. 73

L'agent-comptable établit d'autre part à la date du 31 décembre un compte de gestion du matériel, dans les conditions prescrites par l'article 246 de l'Instruction générale du 16 janvier 1905 (Modèle N° 14).

Fait à Paris, le 20 septembre 1910.

Le Ministre des Colonies,   *Le Ministre des Finances,*

GEORGES TROUILLOT.   GEORGES COCHERY.

MELUN. IMPRIMERIE ADMINISTRATIVE — O. C. 1523 *B*